SV

»Er mag keine Maximen. Noch weniger Reflexionen. Handgriffe, Fingerzeige, Rippenstöße denkt Flick.« Erst sind es Worte *aus der Werkzeugtasche*, über den Sinn und Unsinn der Arbeit, dann werden es *Ausschreitungen auf dem Papier* über das Machwerk der Menschheit. Er geht es als alter Meister ruhig an und kommt der Sache näher: sich, die er nicht regeln kann. Er spricht ohne Vorsicht und Sicherungen im Gesicht, und es scheint unter der Hand eine Autobiographie aus Steckbriefen. »Lebe ich wirklich? Habe ich es verwirkt?«

Volker Braun, 1939 in Dresden geboren, lebt in Berlin. Der erste Teil der *Handstreiche*, zum *Schichtbuch des Flick von Lauchhammer* gehörig, entstand 2005-2007, der zweite Teil 2015-2017.

VOLKER BRAUN
Handstreiche

SUHRKAMP

Erste Auflage 2019
© Suhrkamp Verlag Berlin 2019
Alle Rechte vorbehalten, insbesondere das
der Übersetzung, des öffentlichen Vortrags
sowie der Übertragung durch Rundfunk
und Fernsehen, auch einzelner Teile.
Kein Teil des Werkes darf in irgendeiner Form
(durch Fotografie, Mikrofilm oder andere Verfahren)
ohne schriftliche Genehmigung des Verlages reproduziert
oder unter Verwendung elektronischer Systeme
verarbeitet, vervielfältigt oder verbreitet werden.
Satz: Satz-Offizin Hümmer GmbH, Waldbüttelbrunn
Druck: Pustet, Regensburg
Printed in Germany
ISBN 978-3-518-42849-8

Gebgierig will er sein; aber das sind nur Worte.

I

Aus der Werkzeugtasche

Ohne Vorsicht und Sicherungen im Gesicht, ich blicke rundheraus. Man liest mir alles an den Zügen ab.

Die Habsucht der Augen. Meine Habseligkeiten.

Bei Sinnen sein: eigensinnig!

Flicks Realismus. Er wird von Fall zu Fall gerufen, er ist der Situation verpflichtet, keiner anderweitigen Ansicht.

Ein Werkzeug, das zur Hand ist: *begreifen.*

Flick gefallen die abgegriffnen, handgeschmiedeten Sachen. »Was fruchtbar ist allein ist wahr / Geselle dich zur kleinsten Schar.«

Das ödet ihn an: die Einäugigen, die Zweimäuligen, die Achtkantigen.

Wettre nicht allgemein und laß die Regeln, die nicht greifen.

Gefragt ist (bei Havarien) nicht der Wortführer, sondern der ruhig *Hand anlegt.*

»Arbeit ist die große Selbstbegegnung des
   Menschen.
Wüßte er sonst, wer er ist?« (Maurer)

Sich den Dingen geben: daß sie faßbar werden.

»Sammelt er das Wasser am Staudamm,
so sammelt er sich. Läßt er sich gehen,
so ist er nur Wasser, das verrinnt.«

Mit Anschauungen ist leicht hantieren, zumal im Weltmaßstab.

Es gibt die Wahrnehmer und Für-Wahrnehmer; das sind zwei verschiedne Gewerkschaften.

Man kann die Dinge erkennen, indem man sie ändert. Flick: indem man sie repariert; demontiert: und man kennt mit dem Ding die Welt.

Man nennt den Alten *Meister,* nicht unbedingt seiner Arbeit wegen, sondern wegen der sachlichen Art, mit der er dazu anhält. Macht es der Sache gemäß, sagt er. *Der Baum läuft nicht nach seinen Blättern.*

Was den Vielen nicht gelingt, muß der Eine machen.

Man kann es sich nicht aussuchen, aber man kann sich etwas herausnehmen.

Was erwartet ihr von mir? Widerspruch. Widersprüchliches werdet ihr hören.

Die *Fabel* der Stellplatz der Widersprüche. Ich weiß natürlich, daß es ein Schlachtfeld ist. Aber den Anstoß führe ich aus.

In Kalifornien wurde mir ein Stern angeheftet für den Einsatz beim *Erdbeben 1989*: nicht in San Francisco, in Berlin.

Wir stehen an der Abbruchkante der Geschichte. Unsere Erfahrung: die Verwerfung.

Es ist Zeit, die Gedanken zu sammeln, die du dir aus dem Kopf geschlagen hast.

Einst im schweren Sand die Kabel schleppend auf der Strosse. – Jetzt mit nackten Sohlen am Strand schlepp ich mich selbst.

Früher die Arbeitseinsätze. Jetzt die Attentate.

Je mehr ich weiß, desto mehr muß ich glauben.

Es werden immer raffiniertere Hilfsmittel erfunden, aber auch die einfachen tun noch Dienst; dies gilt nicht für den Rohrstock, den Weihrauch und die Gewißheit.

Er wartet nicht auf das Unglück. Aber er weiß, daß es kommt. Das ist sein guter Beruf.

Ich will davon nichts wissen. Es ist genug, daß ich die Ursache bin. Ich will die Folgen nicht tragen.

Es freuten ihn Sätze, die man wenden kann, um sie noch einmal, im Gegensinn zu verwenden. Auf auf zum Kampf / ihr Waffenlosen. Das waren wahre Muttern im Text. (Aber er mochte keine geschraubten Sätze.)

Worte wie Messer, wie Feilen, um den Sinn herauszuarbeiten. (Wiederum: nicht zu drechseln.)

Auch das Seil hat eine *Seele*: der Seiler weiß es.

Er wird gerufen, und er kommt. Ich komme (überhaupt nur) ungerufen. Und ich weiß nicht, was ich soll. Das ist das Pfund, mit dem ich wuchere.

Ihn umweht die Natur. Kühl, roh, brennend warm. Er darf ihr die besten Seiten abgewinnen. – Das darf man mir auch.

Er mag keine Maximen. Noch weniger Reflexionen. Handgriffe, Fingerzeige, Rippenstöße denkt Flick.

Maximen und Moritzen (: ich).

Da manche Werke verschüttet liegen, bedarf es gewisser Umwälzungen, daß sie wieder zutage treten.

Kohlevorkommen, Sprachvorkommen: die *Ausbeute*.

Man muß nicht alle Symptome aus den Verhältnissen kratzen, aber der Riß soll sichtbar werden.

Folgelandschaften, und -gesellschaften.

Wenn die großen Kunstwerke die Leitfossilien ihres Zeitalters sind, so wird man einst noch etwas Ernsthaftes über uns erfahren.

Jene neue, sachliche Art des Verfassens von Romanen, die in den Augen der größten Autoren das »Bild einer Fabrik in Tätigkeit« abzugeben hat, wird gleichwohl verfremdet durch die Stilllegung und den Abriß derselben. Man kann dabei leicht unsachlich werden und den Faden bzw. den Draht verlieren.

»Was lebt, ist vereinbar«, sagte mein Lehrer, der mein Lehrer nicht war; es handelt sich mehr um Reparaturen, Flickwerk, Rettungsversuche der unheilen Welt.

»Fehlte uns nichts, fehlte uns alles«, sagte er; und dem Tätigen, Liebenden muß der Satz gefallen.

Klinkenpost nannte Drescher das Zettelwesen, das er täglich an meine Tür pinnte, die er so, ohne weiter anzuklopfen, öffnete.

Wir kannten nützliche und schädliche Arbeit und wußten beizeiten, aber zu spät, zu unterscheiden. Seit aber die Proteste verraucht sind wie der Staat und alle seine Zeichen, wird das Elend gewürdigt als Naturereignis. Man schluckt den Dreck und nimmt das Gift.

Man geht mit der Mode; man trägt das Verhängnis.

Manche sagen, man muß diese Arbeit fallenlassen, oder sie verhungern lassen am nackten Arm. Aber sie findet noch genug Dumme, die nämlich Hunger haben.

Die *andere Arbeit,* das war eine Losung, als man welche hatte.

Jetzt, da so viel Unglück durch die menschliche *Unnatur* erklärt wird, wird seine *Unvernunft* interessant.

Landarbeit: Zweifel säen.

»Glücklich sein heißt ohne Schrecken seiner selbst inne werden können.« Benjamin: konnte es nicht. Ja, aber er konnte es sagen.

Einig sind wir uns mit jenen feineren Vorstellungen der Vorfahren, daß der Kommunismus nicht totalitär zu denken sei, sondern als etwas »Mittleres«, das erlaube, den Lebensalltag so lokker zu gestalten, »wie ein gut ausgeschlafener, vernünftiger Mensch seinen Tag antritt«.

Was denn für ein Hunger? Wir hatten andere Appetite, als man mit einer Banane abspeist.

Aus der Oase der Utopien in die Wüste des Wohlstands.

Wenn die Widersprüche nicht mehr die Hoffnung sind, beginnt der Ernst der Geschichte.

In Wendezeiten zeigt sich der Grade.

Man kann die Zukunft nicht wissen; aber man kann wissen, daß sie jetzt beginnt!

Den Mann im Kind sehn, das Skelett im Manne. Und Flick tappt auf Kindesbeinen, und der Enkel schleudert die Knochen.

Lieblose Zeiten. »Der Denkende liebt / die Welt wie sie wird« (Brecht).

Man kann ohne Hoffnung leben, aber nicht aus Prinzip.

Das *Aufbegehren* ist die freie Wahl.

Gleichheit macht frei. Gefolgschaft verdummt.

Sei unparteiisch: halte dich nicht heraus. Durchdringe die Fronten.

Revolutionen, um zurückzuschreiten!

»Die wesentliche Form des Geistes ist Heiterkeit.« (Marx)

Das *Abgewickelte* liegt fasernackt. Das Fortbestehnde trägt noch alle Bandagen und Binden.

Das Leben unterrichtet jeden, aber nicht jeder lernt etwas. – Ganze Nationen sind die Sitzenbleiber.

Die Gefangenschaft in der Gegenwart, in der wir auf der Folter liegen. Die Freilassung / die Hinrichtung in Betracht ziehn.

Das Time Magazin hat das Individuum zur Person des Jahres gewählt. Welch ein Aufstieg. Freilich die Masse bleibt die Unperson, die kaum in Erscheinung tritt.

Was ist das für ein Volk! Denken sie auch, oder schlurfen sie nur sinnlos über die Erde? (Dasselbe sagt Kafka.)

Das Volk gab sein Eigentum ab und ließ sich die Freiheit aushändigen.

Das weiß ich, daß ich ein Narr bin. Darum versuch ich, so vernünftig zu sein. Doch damit beweis ichs mir nur.

Flick, der zur Sache kommt. Ich, der sie kommen läßt. Auf die schnellen Wirkungen bin ich nicht aus.

Selbst wenn ich Unmut brüte, schlüpft ein Lächeln.

Die Arbeit des Windes, das wär mein Ding. Und der Duft, den die Linden erzeugen!

Das *leibliche Band*, Mutter Natur... und zerrissen hab ichs, mein Tagwerk im Tagebau.

Wenn er des Meers überdrüssig wird, hat er die Welt satt.

Sich trennen, das braucht Kraft. Alles stehn- und liegenlassen. Ich halte mich, aus Schwäche, fest.

Die Angst, was zu verpassen. Die Not, nicht dabei zu sein! Begreif doch: das Entscheidende geschieht in dir.

Ich bin schwer zu fassen. Ich gebe mich wie ich bin.

Ist es nicht ein Widerspruch, daß er freundlich redet: und harte Sätze schreibt? Die Sätze sind gearbeitet, sein Auftreten ungeschliffen. Was aber ist sein Wesen? Daß er den Unterschied macht.

Ramm-Meister: auch das ist ein Beruf, mit Fingerspitzengefühl.

Nicht nur das Material, auch der Bearbeiter wird bearbeitet. Riffelfräser. Stasiunterlagenleser.

Flick. Seine Apparatur ist soweit in Ordnung, aber er ist moralisch verschlissen. Darum stellt ihn keiner mehr an.

Wenn er nur seine Maschine zu bedienen wüßte. Den Schongang einlegen. Aber er findet den Hebel nicht.

Die alten Narren werden in den Ruhestand entsorgt, und die jungen Toren zeigen sich anstellig.

»Ich habe mein Bestes gegeben.« Nun ja, wenn das Einer sagt. Aber wenn das alle taten, und sie haben nichts Bessers dafür bekommen.

Andere tauschen die Glotze aus, wir haben den Staat gewechselt. Es sind aber die immer gleichen Programme.

Im *Besitz* der Wahrheit sein: und nicht von ihr Gebrauch zu machen. *Enteignet* werden ist dann die Erlösung.

Der Übernarr. Wehmäulig, duckmausend, das ist
die Gesundheit; anmaßend angepaßt, das ist die
Konfektion; das weitere Weltbild: halbgewalkt.
So kommt alles zusammen. Natürlich, warum
nicht? Jede Zeit hat ihr Wesen.

Er lebt mit Lust und Launen. Es ist noch nicht
einmal Liebe im Spiel. Nicht auszudenken, wenn
sie sich einmischt.

Wenn ich wollte wie ich könnte, würde mir ge-
holfen werden.

Gedrosselte Leitungen, Absperrhähne an seinen
Armaturen. Er fürchtet immer den Tag, an dem
der Ableser kommt.

Als wenn er versuchsweise lebte, »andeutungs-
weise«, im Kaltlauf. Und wann denn im Ernst,
mit Feuer und Glut?

Immer blickt er etwas mürrisch dem etwas grin-
senden Fakt entgegen.

Und sind die Umstände, in denen wir handeln, nicht auch erst rohe Stellagen, ein zufälliges Gerüst für ein allerdings definitives Experiment?

Der Verborgene, Verschüttete – (dessen Herz Klopfzeichen schickt); aber retten kann man den Liebenden nicht.

Er umarmt sich. Dabei bleibt es nicht.

Flick sieht sie nicht. Ich seh sie ja, die Frauen. Aber ich habe sie nicht wahr. Wir sind nicht zu brauchen.

Er trifft auf eine Person, deren Namen ihm entfallen ist, man begrüßt sich, und er fragt aus Verlegenheit nicht danach oder weil er sich nicht weiter einlassen will, man ist auch schon im Gespräch, unmöglich die Nachfrage ohne Peinlichkeit nachzuholen, so ist er gezwungen, neutral zu plaudern, pflaumig ohne Kern. Sichspreizen im Ungefähren. – Desgleichen der öffentliche Diskurs.

Hinwider gibt es seltsam aufmerksame Frauen, die sofort entdecken, wenn sich eine an dich hängt, und die Retterin tritt dazwischen und faßt dich vertraulich am Revers und führt dich vorbei. Zweimal heute ist es passiert, daß ich aus dem Fluß gezogen wurde.

Mitunter stößt er auf sich selbst. Ein glückliches, verwegenes Wesen. Wie konnte er es ganz vergessen?

Ötzi, der Gletschermann, muß ab und zu aufgetaut werden, gereinigt, bevor er wieder vereist wird in seine Bedingungen; das sieht mir ähnlich.

Das Sehnen nach etwas. Für das er nichts tut! Unermeßlich.

Einen großen Satz machen, über das Ende der Zeile hinaus. In eine andere Geschichte.

Man muß sich für ein Leben entscheiden. Das falsche natürlich. Aber eine Ahnung bleibt, die das Leben noch unerträglicher macht.

Auch das Leben, erlebten wir, kann entwertet werden. Hätten wir es ausgegeben, verpraßt!

Gewiß, wir haben es verjubelt, und klagen es nun nicht ein. Aber beschämend ist, daß es *das Unsere* war.

Der Enkel sagt, wenn ich erzählen muß: weiter! weiter! Er weiß noch nicht, daß die Geschichten enden. Und ich weiß keinen Anfang mehr.

Alles muß er probieren. Schläuche zusammenstecken, Feuer anfachen. Herrliche Logik. Mir wird bange, Welt. Nichts wird unversucht bleiben.

Was soll man von uns denken? – Nichts, das wäre dir am liebsten. Unerhört! das wäre mein Traum.

Er hat ihm wohlweislich das Gerümpel nicht gezeigt, das im Schuppen verrostet, die liegengelassenen Utopien, denn was käme heraus, wenn Übereifrige sie zurechtbiegen, ölen und einsetzen?

Das Wichtigste erlebt er im Traum. *Du Träumer!* das traf ihn wie ein Gruß unter Verbrechern, Verliebten.

Neruda: »Ich bekenne, ich habe gelebt«. Kein Geständnis besser beim Jüngsten Gericht.

Ich versprach mir viel vom Leben; aber ich dachte nicht daran, es zu halten.

Ich bekenne nicht genug; mir fehlt die Formel dafür. Franziskus hat sie: *Betet für mich.*

Entschlossener Goldstückers Beichte: Ich glaubte!

Für dieses reichliche Mahl gilt auch: daß ich kein guter Esser bin.

»Für einen Mann mit dem Hammer sieht jedes Problem wie ein Nagel aus.« Für den mit Hammer und Sichel wie Brot.

Sein *Glück machen*, das war Flicks Satz. Glück gehabt: das Grinsen der Brigade.

Glück ist der Inbegriff: Gelingen! Es fällt uns ja nicht zu. Es wird erspielt, errungen. Es kann auch vertan und verspielt werden.

Verliebt ins Gelingen, versprochen dem Scheitern.

Die Natur hält es nicht bereit. Sie hat mit sich zu tun. Doch wie sie uns zuatmet, entzückt, ermutigt, aus uns zu gehn!

Das Gründel, der Steinweg, die Buchenschlucht. Der *Soldatenweg*.

Als Kind hat mich das Schicksal auf Leid und Not hingewiesen und mich gewissermaßen (: gewissenhaft) auf Leben und Tod eingestimmt. Später scheint es mich aus den Augen verloren zu haben. Mal ein Stoß, mal eine Rempelei, ich habe es nicht persönlich genommen. Fast unvorbereitet bin ich also, wenn es ernst wird.

Zwei Menschensorten: die eine, die alles mehr für ein Spiel hält; der anderen wird mitgespielt.

Ich kann mich nicht entscheiden: bin ich ein ernsthafter oder ein scherzhafter Mensch? Heiterer Ernst.

Ästhetisch formbar ist nur, was Alternativen denken läßt.

Ausgeliefert sein bekommt der Ware, der Mensch verdirbt. Abgehängt in der Warteschleife, Verrotten in Korridoren. Nichts wissen, nicht handeln dürfen: eine Schmach.

»Wenn man die Kleinen am Werk sieht, versöhnt man sich mit den Großen.« (De Rivarol) – Nein, wenn man die Großen sieht, empört man sich über die Kleinen.

Was war meine Schuld? Ein Leben in Saus und Graus.

Der Hochmut der Ämter, die Berufskrankheit des Staats. Wieviel Überwindung, Herablassung kosten ihn seine Beschlüsse. Wie beschämend das Dulden. Wie giert er nach Widerstand.

Die *Volkspolizei*. Die einzige Ladung jenes Wasserwerfers in der Schönhauser hat das System zerweicht bis auf die Knochen.

Je mehr ich weiß, desto unglaublicher wird mir alles.

Auf jede Weise dringt man in mich; mit Ultraschall und Röntgenstrahlen und Endoskopen, ins Innerste geführt, um etwas herauszubekommen. Was ist mit mir? Ich könnte ja einfach in mich gehn.

Ein paar Handwerker, mit glatten glänzenden Gesichtern, hantieren an meinem Brustbein, an meinem Bauch mit spitzen Werkzeugen, Drillbohrern, ein höhersitzender bedient einen langen Speer oder eine Harpune. Es schmerzt nicht, es belustigt mich, aber ich tue empört und raunze grimmig. Und sage zu einem hin, der mich mit seinem massigen Leib schützen will: siehst du, es berührt mich nicht im Kern. Im Kern bin ich heiter. – Halbwach weiß ich: man muß es selbst tun, um es zu spüren. Nur du hast das Recht, von deiner Schuld zu sprechen. Nur du wählst die Form, sie anzuzeigen. Kein Zensor hat die Mittel dazu.

Meine Werkstatt hat keine Wände, und Nachrichten dringen herein, Gerüche, Schreie und der Regen der Theorie. Das alles ist, wenn man nicht an das automatische Schreiben glaubt, untrennbar: wie die gemischten Gefühle, die gemischten Gedanken, und erst im letzten Moment scheidet sich der entschiedene Text.

Die *Zeitschneise* von Ettersburg durch den Bu-
chenwald zum KZ, Baumstämme ein Reihen-
grab, ein verrostetes Schaufelblatt, Schlüssel-
blumen: mein Freigang. Wer bin ich hier, ein
Wanderer, ein Wachmann? Ein Laufseher.

Was hält der Körper aus, was das Denken? Das
ist die Grundfrage der Philosophie.

Die stoische Lehre, sich nur in Verhältnissen
anzusiedeln, die man beherrschen kann, ist eine
Eremitenvorstellung.

Traum. Wir (drei) durften an seinem Geburtstag
Stalin besuchen. Wir wurden in einen Konfe-
renzraum geführt, dort saß er an der Stirnseite
des langen Tischs. Er war eine Frau. Dickbusig,
mir fiel auf, daß sein Haar noch nicht weiß war.
Er hatte die Uniformjacke an, aber ohne Achsel-
stücke und Orden, eigentlich eine Bauernbluse,
darunter wie Ulbricht auf seinem letzten Zei-
tungsfoto eine Trainingshose, degradierende
Tracht. Wir stellten unsere belanglosen, uns
selbst betreffenden Fragen, in einer halben Stunde waren wir fertig. Die großen Fragen wa-

ren nicht zur Debatte gekommen. Die Dame vom Dienst hatte wohl darauf geachtet. Stalin äußerte sich dann unmutig, daß das nun alles gewesen sei an seinem Ehrentag, nur diese halbe Stunde in einer winzigen Öffentlichkeit, mehr war nicht angeordnet worden. Man hatte unseren Besuch als die Gelegenheit genommen, dem Anlaß in der mindesten Weise gerecht zu werden.

Habe eine Festrede zu halten. Bin nackt. Das Rektorat erwartet mich auf der Straße, ohne noch recht herzusehen. Ich trete dann doch näher, und Magnifizenz, in großem Überwurf, reicht mir vorgebeugt die Hand. Es ist mir peinlich, unbekleidet in den Hörsaal zu gehen, und ich kaufe am Bahnhof eine Unterhose, auch ein Shirt in grünlicher Farbe. Als ich an mir herunterblicke, sind die Socken ausgelumpt, und immer noch im unguten Gefühl der Unangemessenheit meiner Vorbereitung stehe ich vor den wohlgefüllten Reihen.

Ich lebe, als hätte ich keine Zeit. So vertu ich sie.

Leben ins Unreine, um es dann besser zu machen. – Aber ein reines Leben wäre nicht besser, und wie immer bei Wiederholungen: sie enttäuschen.

Meine Unsterblichkeit lebe ich jetzt. Zeit, ich aase damit. Ich denke an kein Ende, und fange nichts an. Der Tod kann warten.

Schreiben: überlegte Handlung, es kann auch (: Handke) ein Handstreich sein.

Mein liebstes Werkzeug: die Bambussäge.

Hingabe ist mein ganzes Verlangen. Mein ganzer Geiz steht im Wege.

Was wurde ihm zugesteckt, und er gab nichts heraus. Er hatte die Kleinigkeit nicht.

Ein erfundener Traum = eine Lebenslüge.

Man kann für eine Sache sein und der vielen Sachen nicht achten. Das macht den Terroristen. Man kann auch an nichts als die vielen Sachen glauben, das ist der Konsum-Terror.

»Flick ging früh hinaus. Es war ein philosophischer Morgen. Es zog ein anderes Denken auf.«

Daß eine Welt versank, leuchtete rein technisch ein. Er hatte Bagger in den Abgrund rauschen sehn; es fuhren auch Gesellschaften in den Orkus. Eine Havarie großen Maßstabs, ein komisches Unglück oder gelinde gesagt ein Desaster. Es war an sich seine Stunde. Er spürte den Impuls, zum Vorschlaghammer zu greifen.

Ich vermeide jedes Geräusch, und will die Welt umstürzen. So geht es mit rechten Dingen zu.

Am selben Tag die Gebrauchsanweisung vom BMW 1er und die Dante-Übertragung des Philalethes, du liest in einem und dem andern Handbuch, Poesie der stufenlosen Schaltung und der Automatik der abgestuften Hölle.

Das Verändernwollen! Damit dann Ruhe ist. Die *bessere Welt*. Das ganze Treiben aus Trägheit, Bequemlichkeit.

Zum Sehen geboren, zum Schaudern bestellt.

»Meine Augen machen nicht mehr mit.«

Welch Fuder von Augenblicken, mir übergeben an einem Donnerstag oder Freitag, in der Frühe! Ich lasse den Tag verstreichen. Das Gras geschnitten, die Hecken gewässert, den leichten Wind aufgefangen unter den Bäumen. Mit den Vögeln gesprochen. Keinen Gedanken gefaßt, *und das Thema des Lebens schon erschöpft*. Mein Dämon, die Unrast, steht mir im Wege.

Nicht Vulkane, Viren werden unser Untergang sein. Nicht *Plinianische Eruptionen*, die Camusische Pest.

Mit sich Rat halten – »über die Bücher gehen«.

Sie waren fünf. Jeder nahm einen Weg. Er wählte den schwersten. Er hatte kein Ziel.

Mein Laster: ich lasse mir nichts sagen.
Mein Desaster: ich habe mir nichts zu sagen.

Schwersichtig bin ich nun und grüße nur zurück; aber schwerfühlig werden und keinen Wink erwidern!

Der Enkel nimmt mich an der Hand: ich geh ins Leben. Das Kind ermannt mich.

Wie ich ihn achte! Und mir selber wieder gefalle.

Eine Seelenwanderung, denkt er zynisch; um sich aufzugeben.

Diese Autobiographie aus Steckbriefen hat einen fiktiven Helden, der wie Don Quichotte in der Mancha wirklich gelebt hat.

Lebe ich wirklich? Hab ich es verwirkt?

Mitunter jetzt höre ich mich stöhnen, und werde eines Gedankens inne, der mein Leben betrifft, ich stöhne unwillkürlich, aber die Verfehlung, das Verfehlte ist stark genug, mich stöhnen zu lassen.

Zeitungssüchtig, wie er war, gewöhnte er sich doch an, zur vollen Stunde auf die Natur zu hören, insonders um Mitternacht das Froschkonzert aus dem anderen Sumpfe, die immense Mitteilung der Medien der Mainacht.

Tišma, gefragt, ob es in seiner Autobiographie mehr um Dichtung oder um Wahrheit gehe, antwortete: Nur um Wahrheit. Aber eine andere als seine individuelle... *Die Kunst fordert eine Einfachheit, die das Leben nicht hat.*

Tropfenweise kondensierte in ihm ein Geheimnis, das mit den Jahren undurchdringlicher wurde, ein wahres Rätsel.

Gewiß hätte es gelöst werden können, wie im Märchen, durch drei richtige Antworten, durch einen Wurf an die Wand, aber so läuft es im Leben nicht.

Mein Wissen stockt wie ein fauler Haufen Heu, der nicht umgesetzt wird.

Meine Seele ist eine Scheune – von mir aus: eine campanna, *gefüllt mit Heurauch*, nur du steigst mit hinauf

Daß etwas schief läuft mit ihm, war gottgegeben. Gott = die Entropie. Aber muß er sich als Wegwerfware verkaufen.

Vielleicht sollte er auf die alten Tage dazu übergehen, nur eine Sache zu tun und nicht zwei oder drei nebeneinander; weil die Zeit knapp wird.

Und dann das Nichtstun, welche Kunst. Die Zuschaukunst!

Die Natur hilft sich. Sie wildert aus.

Bei sich zu sein, allem hingegeben!

Was Einer nicht, aber die Vielen

Der *Vorschein* kommt ja nicht von vorne, er dringt aus dem Nun und Jetzt.

Der Spalt läßt mehr blicken als die offene Wand.

»Wir sind noch, aber es gelingt uns nur halb.« (Bloch)

Die Kunst, die leichteste Weise zugleich und ernsteste unserer Existenz.

Die Liebe ist der zweite Beruf, damit es zum Leben langt.

Flick hatte breite Schultern. Er stellte sich unter die Welt. Ich, eher schmächtig, lag auf ihr und fühlte ihre Last.

Ein Beruf, für den man zahlen muß. Du hast ihn gewählt.

Das Holz der Oboe, hartes Grenadill, muß wohl Jahre zwanzig lagern. Wenn sie dann Laut gibt: ists nach so langer Stille.

Er ist vor Ort, kein Schwein da. Festgefahren die Maschine, fortgelaufen alle. Auf ihm bleibts hängen. Als wenn sie es nicht nötig hätten! Er rutscht in den Schüttgraben und wuchtet die Schaken heraus. Der Schweiß rinnt ihm aus der Montur, was nicht in der Dienstvorschrift steht. Endlich ist es ihm recht. Ich erwache.

Die Flut in der Leidsestraat

Niemandem hat er in die Kammer Zutritt gewährt, in der er seine Geschäfte abwickelt, die ihn sozusagen am Leben erhalten. Er selbst könnte nicht sagen, was sich darin abspielt, da er, kaum daß er sich dahin verzieht, in eine Art Entrückung gerät, indem er sich auf die Sache konzentriert oder sie ihn so elend beansprucht. Natürlich fällt ihm auf, daß er oft zerzaust, mit Schwellungen im nackten Antlitz heraustappt, die zu seinem starren Lächeln seltsam kontrastieren. Der Ort scheint von einer gefährlichen, berauschenden Substanz erfüllt, mit der er unausweichlich in Berührung kommt, sobald er allein und ernsthaft mit sich zu Rat geht. Man könnte erwarten, er würde die Behandlung meiden, zumal er Schmerzen schwer erträgt, aber sie gehört nun zu seinem Lebensrhythmus, wie die Aufnahme der widerwärtigen Nahrung und Nachrichten.

Es ist aber jetzt geschehen, daß er in die Kammer trat ohne Absicht – weil er als Kranker sein Dasein einmal nicht rechtfertigen muß; da sah er, mit schreckensklarem Auge, dort an den Wänden lehnend ruhig rauchend die alten Freunde harren mit harmlosen, am Boden haftenden Mienen.

Es ist Mitternacht; ich starre aus meinem Giebel hinab in die Leidsestraat; ein unwahrscheinliches Rennen; alles lebende Wesen anders als ich, in zielstrebiger Bewegung; ich spitze eifersüchtig die Lippen, alarmiert von den rasenden Plänen; ich ersticke in der rohen ahnungsvollen Luft – ich muß hinaus. Ja, nun draußen bin ich verloren. Ich verwandle mich schon auf der Treppe, in einen plumpen Kerl, und wenn ich aus der Türe laufe, bin ich ganz ein Vieh. Ich verstehe, daß ich es nun eilig habe, mein Bedürfnis zu stillen; ich durchquere wedelnd das wüste Volk, aber ich habe natürlich meine männliche Scham. Ich werde gescheucht, getreten; man sieht mir meine Gier wohl an; ah, die Zunge hängt rot heraus. Ich schleiche an den Grachten lang, den braunen Stampen, aus denen schlieriger Lärm dringt; soll ich tanzen auf meinen Pfoten? Die Drehorgeln brausen; ich kann doch, in der Menge, nicht Tränen lachen! Das schwach erleuchtete Paradiso: ich mustere Tisch für Tisch und sehe sie nicht (wen, Kamerad?)… Liegt es am Licht? Aber es kann mir recht sein, ich kenne sie nicht; und sie kann mich nicht erkennen in meinem verworfenen Zustand. Ist es, frage ich mich als vernunftbegabtes Tier, eine Art Selbstschutz? Als Mensch – was für ein Wort – könnte sie mich umfassen, bemerken und entführen… denn

46

es ist entsetzlich schwer, nicht zu lieben ... und mir diese elende, die Freiheit nehmen, ich wäre fähig dazu. Aber nichts fürchte ich ja mehr als das. Traurig, traurig, daß die stolze Schöne nicht in dem fremden Saal sitzt – und nur eins wäre viel schlimmer: wenn ich sie endlich fände. Nun so, man entwickelt sich, ich tappe die Treppe hinauf und erklimme den harten Stuhl vor dem hohen Tisch, eine Hyäne, über den Resten der Welt.

Nicht die füllige Sängerin, die laut arinierte, und der allen Straßenlärm niederschmetternde Sänger ließen uns auf dem Platz verharren, sondern ein kleiner Mann mit einem Plastebeutel in der Hand, der kaum drei Meter entfernt stand und, indem er nicht sang, alle Aufmerksamkeit auf sich vereinte. Er blickte nämlich bald auf die Sänger, bald auf die Menge und warf sich in Positur, öffnete den Mund und gab aber keinen Laut von sich. Wie beschämt wich er zurück, doch eine seltsame Kraft, die vielleicht von der überlauten Musik, vielleicht von den stillen Zuschauern ausging, zog ihn wieder nach vorn, wo er nun dicht vor die Sänger trat, die Arme (und den Plastebeutel) hebend, und mit stummem Jubel in die Vorstellung einfiel. Die Künstler, in ihrem Gewerbe jede Art Anteil gewohnt, ließen sich von dem Dilettanten nicht stören, der seinerseits nun zu großer vergeblicher Form auflief. Er wirkte, wenngleich unstimmig, mit, so daß sein Auftritt etwas Opernhaftes, Tragisches bekam, weil es den Riß in einem Wesen, ja in der Welt! offenbarte. Immer wieder lief er auf die Bühne, die nur die Straße war, ein Maestro, der nur ein Mensch war, eine kunstlose Existenz. Wir konnten uns kaum von dem Schauspiel trennen und verließen ergriffen, ratlos die prächtige plaza major.

Wir lagen auf Wasserbetten in Maspalomas und konnten die Welt nicht vergessen. In dem roten dämmrigen Raum rauschten ferne Wellen, und eine sachte Musik setzte ein, um uns zu beruhigen. Im Nebel der Saline hockten wir auf Marmorbänken: tief atmend, zwei steinerne Katzen funkelten aus grünen Augen, ab und zu stieß ein Kegel beißenden Salzdampf aus in die Atemwege. Das Wasserwaten auf den weißen Kieseln zur Durchblutung und Kräftigung der Reflexe. Ruhend im dunklen Lava-Dom versanken wir in Lederliegen, welche die Füße über den Kopf lancierten, die rettende Ruhe einer Höhle, während draußen der Regen schmatzte. Und immer fern das Meer: wie Fuß fassen an der Felsenküste. Der Schwebepfuhl eine heiße Brühe, die unsere Leiber trug, als toter Mann treibend nur mit den Fingern rudernd, um *ein Gefühl völliger Entspannung zu erleben* (please book). Die heißen und kalten Steine auf dem Rücken, die das Chakra stimulieren und das Gleichgewicht von Körper und Geist herstellen. Die Etappen der afrikanischen Sauna, 90 Grad, wir lagerten auf einem Bretterdeck am Äquator vor dem runden Lehmofen und warfen am Nordpol Eis auf Brust und Arme, um die Abwehrkräfte zu stärken. Dreimal die Querung der Wüste und das Atemstocken im Packeis. Die *behagliche Wand*; und die warme *Lagune* will float you away to another world! im Whirlpool unter freiem Himmel, während die Wolkenwand aufriß; und eben sind vor Fuerteventura zwei Boote gekentert und zwanzig Flüchtlinge ertrunken.

Ich betrat den Saal mit dem großen ovalen Tisch, an dem ich Platz nehmen sollte. Die Veranstaltung hatte begonnen, mit einer *Eröffnung*, die unerwarteterweise den Ort betraf, wo wir uns befanden. Hier haben sich, raunte mir ein Nebenmann zu, die Granden der Treuhand versammelt, wenn sie ihre Abschlüsse feierten. Ich sah sie förmlich mit Messer und Gabel sitzen und sich das Filetstück einverleiben. Es muß gestorben werden (: Köhler, um den Namen zu nennen). In eben dem Raum, wurde uns mitgeteilt, hatten zuvor die Herrenmenschen über die Juden beraten, sie laufen (: Goebbels) noch immer im Grunewald rum, sie werden ein Waldstück bekommen (: Göring), mit den Elchen mit ihren gebogenen Nasen. Ich hörte entsetzt amüsiert die Tonaufnahme, untermischt mit dem Schmatzen der Jetztzeit, in dem sogenannten EUROSAAL. Schmeckt dir dein Volkseigentum, fragte mein Nachbar. – Nach nichts. – Alles und nichts. – Es war mir unangenehm, gerade in dem Raum, in dem Stimmengewirr lesen zu müssen. Die *personengebundene Einladung* hatte suggeriert, daß wir unter uns seien. Zwar saß mir nicht der einladende Hausherr gegenüber, sondern sein Nachfolger im Amt. (Walser, vernehmlich: mein Lieblingsminister! – diese Altkollegen gaben sich familiär, und was einst Spott gewesen wäre, schenkten sie als zahme Xenien her.) »Wir sind nie *entre nous*, immer mit allen«, Freund Badia in Paris zu den verdutzten DDR-Genossen. – Ich hatte den Moment verpaßt, aufzustehen als hätte ich mich im Lokal geirrt. Irgendwie gehörte ich dazu, hörte jedenfalls zu, nahm teil und konnte mich nicht aus der Affaire ziehen. Ein Tischtäter, natürlich nur, ich mußte durch das Ragout der Geschichte durch. Ich kannte sie vom Hörensagen und -schreiben, aber hier war ihre Zentrale, magisch angemietet. Wie Eisenspäne klebten wir an der Tischkante. – Ich war an der Reihe, aber wie abwesend stand ich an einer Bahnstation. Es war ein nebelverhangener Tag. Das Gleis endete im Lampenlicht vor meinen Stiefelspitzen. Die Station hieß: SELEKTION, ich hatte die Wahl, auf welche Seite ich gehe. Ob ich mich dem Wachtrupp geselle, der kleine kurze Befehle gab, oder mich in die Reihe der Ausgesonderten ordne. Kein klares Wort von meiner Seite (welcher?), das naheliegende schnürte mir die Kehle zu. Ich »überlegte«, ein Privileg wie aus dem absurden Theater, zumal die Geschichte vorbei war, oder erst begann. Wer war ich, um Bescheid zu wissen über mich. – Eine Zumutung, für den Geladenen, ohne Vorwarnung an dem Ort zu agieren. Eine Zumutung für die Zuhörer, mich unvorbereitet zu sehn! Vermutlich würde ich nie mehr einen reinen Tisch vorfinden. Und fortan in kontaminierte Quartiere tappen. Und bedauern, nicht den tüchtigen Text zur Hand zu haben, Herr Schäuble.

Der Raum, in dem du irgendbald ruhst, ist ein Abstellraum. Das ist dann dein Nachleben.

Merkwürdig: alle, die ich dort vorfinde, wähnen sich an ihrem Platz. Heitere Elende sind wir!

Ruhen ist nicht das Wort, wir wirken noch eine Weile, wenn man uns läßt.

»Nein, sie kann nicht mehr... Ausgelebt, ausgekämpft das alles. Sie steht nun drüber, und liegt eben drunten.«

»Die Toten sahn herauf mit toten Augen und, natürlich längst, angehaltenem Atem.«

Auch hier, in Ewigkeit, erfährst du nicht alles, aber alles zugleich. Auch hier sind nicht alle gleich, aber gleichzeitig.

Sie verzehren sich noch nach der Zukunft, der unglaublichen! Ohne Zuversicht, ohne Nachsicht.

Und »die Liebe währt ewig«, zum Teufel, und wir nur wir glauben nicht an ihre Kraft.

Jetzt geschieht dir, was du verdienst. Zerrissen warst du eh, Zerrissenwerden ist jetzt die Erfahrung.

Alle Tatsachen, Träume verschoben, versenkt in die düstere Lagerhalle, wo sie gleich die schmähliche Ordnung verlieren, die sie behauptet haben. Es ist ein gerechtes Durcheinander der Welt-, der Geisteszustände. Vor allem verdichtet sich diese Masse, die Zeitrechnung wird löchrig, die Erfahrungen havarieren. Ereignisse, Epochen fahren krachend ineinander und widerlegen sich bis in die Einzelteile. Du bist Hilfskraft, in dieser *Materialausgabe* für das historische Bewußtsein, das jüngste Gericht.

II

Ausschreitungen auf dem Papier

Er lauert den Wolken auf. Sie ziehn arglos hin.

Wer schreibt, handelt. Das kann ich nicht verharmlosen.

Unbefangen muß man sein für ein Gelingen.

Worin besteht deine Freiheit? Genau zu sein; genau besehn, geht es anders.

Geh nur, nach rechts und links schauend, deinen Weg.

Flick bringt die Sache in Ordnung, ich bring sie durcheinander. Er sucht die Teile zusammen, ich die Gegenteile. Paradox!

Ich lasse das Chaos arbeiten.

Übermut, das ist mein Leiden. Es läßt sich nicht kurieren. Womit auch? Mit Feigheit.

Lange gab es Leute am Wegrand. Muntere Rufe. Dann waren es fremde Sätze. Jetzt weiß er: es sind Urteile. Verurteilungen allesamt. Er hört nun nichts mehr.

Lügen kann ich gut, das ist keine Kunst. Bei der Wahrheit fängt die Kunst an.

Ich lasse den Groll gar nicht aufkommen, ich muß ihn nicht niederschreiben.

Man liest einen Text der Sätze wegen, wenn sie keinen Leib haben, kann man sie nicht lieben, ohne Seele: verächtlich.

»Draußen hat heut früh schon eine Amsel gesungen!« Stockdunkel, und sie weiß, daß der Tag beginnt.

Handke, neben den ich mich auf die Treppe hocke, sitzt in seine Miene vermummt, und sagt mit einmal rückhaltlos: Was fangen wir nun an?

Meine lieblose, meine arbeitslose Seele.

Meine Pfade trete ich selbst, aber so dicht bleibe ich an der Landstraße, daß ich nicht zu mir finde.

Der Wind weht lichterloh. Kein Öl ins Wasser gießen.

»Ein Weltreich ist zusammengebrochen. So gehört nun also der Zusammenbruch von Weltreichen zu den Gegenständen, welche wir als selbsterfahrene beschreiben können.« (Mickel)

Ein Trommeln liegt in der Luft, monoton, unaufhörlich. Rührt es von Menschen, von Maschinen? Weht es von Afrika herüber? Flick hört Signale.

Sein Zeitmaß die *rollende Woche*. Nur die Epoche stand still.

Die Sieger ziehen ein in ihre Niederlage.

»Ich glätte nicht meine Sätze, sondern meine Gedanken.« (Monsieur Joubert) Ich verfahre umgekehrt.

»Beschreibung meines Landes: die eine Hälfte ist einen Roman wert, die andere nur ein Grundbuch.« – »Armes Frankreich.«

Wir Vaterlosen haben ein Mutterland, und den Vaterboden.

Flick prüft den Wind und das Wetter, ganz ohne Vorgaben will er nicht sein. Er kann sich die Natur vorstellen ohne Gott, Partei und Vaterland. Aber nicht ohne Dispatcher, der den Durchblick hat.

Die Bäume seine ernstesten Gefährten. Wie konzentriert, überlegt sie die Äste strecken. Er steht unter ihnen, ganz Anerkennung. In die Wiesen tritt er fest, wie um anzuwurzeln.

Hier sind wir *durchgegangen*. Erschüttert sieht er ein Stück unberührter Natur.

Jeder Griff war bedacht. Jede Tätigkeit rational. Alles machte Sinn. Der Anschnittwinkel der Eimerkette, um den Stromverbrauch zu senken. Daß das Ganze ein Unsinn ist, war vom Standpunkt des Gewerks nicht zu entdecken.

Ausgekohlt, meine Existenz. Ich bin nur längst angekehrt an anderen Lagerstätten.

Wie sie recht haben! Wie die Blöden.

Die Ausbeute; und um ihn her der Abraum. Sein bodenloser, sein sadistischer Satz: *Weil wir das Land nicht lieben.*

Mit der Arbeit hat die Gesellschaft den Verstand verloren oder: soviel sie Arbeit verliert, muß sie Ausflucht und andern Witz gewinnen.

Toren. Da ich nun einmal in Schildow wohne, das vor den Toren Berlins liegt, ohne daß man die Grenzen noch wahrnimmt und reinhalten muß, bin ich immer der Streiche inne, die sie ausbrüten oder übergebraten bekommen.

Aus Vorsicht hielt ich mir immer den Rückweg offen. Aber gerade das ist mein Fehler gewesen.

»Bäume weichen Gewerbegebiet.« Nicht direkt, sie weichen nicht zurück, sie haun nicht ab, sie werden abgehauen.

Immer häufiger müssen die Toren ein Armutszeugnis vorlegen auf den Ämtern, um Erfolg zu haben; auch der Staat stellt es sich förmlich aus.

Flick machte, wie wir wußten, nicht viel Worte. Darin war er Meister. Wir redeten natürlich zu viel, ganze Sätze. Wir Stifte.

»Keinen verkommen lassen, auch nicht sich selbst.« – Wenn die Staaten so sprächen!

Zwitschern im Gesträuch, aufgeregt. Ein Werben, Widerreden. Ich nehm es als Musik.

Immer noch das Trommeln am Strand, unbändig, gegen die Entropie, den Kältetod des Weltalls bei minus 273 Grad.

Als wenn Bataillone Aufstellung nähmen, Wanderbrigaden, Flüchtlingsheere. Vorwärts marsch, der Lohn ist unser Sieg.

Er mußte die Worte nicht suchen. Sie lagen parat, in Öllappen gewickelt. Und warum klingen sie nun rostig? Weil sie keine Verwendung mehr finden.

Arbeit, in meinem Fall, war der Ausnahmezustand, Ausgangssperre, Polizeipräsenz.

Über den Rand schreiben war mir nicht abgewöhnt worden. Ich *schrieb* auch vorlaut.

Ausschreitungen, auf dem Papier.

Der Mensch – ein Auslaufmodell. Er soll Spaziergänger werden.

Wanderungen: in der durchgearbeiteten Landschaft. Er hat seine Spur hinterlassen. Verwüstung. Ordnung. Als habe sich sein Innerstes herausgekehrt. Hier kann er in sich gehen.

Könnte es *positiv* sein, fragen die Pflanzenzüchter in Gatersleben, daß der Mensch ausstirbt? Das zu begreifen wäre der Kick der menschlichen Freiheit.

Wir haben etwas vergessen, wir müssen zurück.

Seine wahren Sünden sind die Versagungen. Sie sind unverzeihlich. Ein Höllenfeuer.

Schon Schritte entfernt seh ich, unendlich erfreut und entmutigt, das Exemplar meiner Art.

Die Lust, im Morgennebel mit dem Haufen zu ziehen, die Schaufel über der Schulter, gleichen Sinns, gleichen Unsinns.

Der Betrieb der Welt. Ganze Völker angestellt oder entlassen. Verzweifelte Produktionen. Die Dispatcher Horrorclowns.

Ich bin berufsunfähig. Ein Invalide, im bürgerlichen Sinn. Eine Behinderung stelle ich dar, wird mir bescheinigt.

Anwandlungen, er liebt das Wort, von Zorn, von Begierde: wie wenn sie anlanden, auf ihn wandern, ihn verwandeln.

Der Vulkan *Enmedio* will sich erheben aus dem Meeresgrund und droht mit seinen Lavamassen die Reiche zu verbinden. Teneriffa, Gran Canaria! Aufregung unter den Einwohnern, Empörung: sie könnten vereinigt werden! Sie haben kein anderes Thema. Eine Katastrophe ihrer Natur.

Einmal faßte ihn das Leben an der Hand. Nicht sozusagen, sondern tatsächlich, er wußte wie ihm geschah. Er saß flach atmend neben der jungen Person, und sie sagte: Komm, komm mit, als sie aus dem Taxi stieg. Er zögerte, zögerte lange und sie ließ die Hand los – (es mußte heißen: wie ihm hätte geschehen können). Er wußte gleich, nicht noch einmal widerfährt ihm diese Gunst. Er ließ es los: er zögerte sein Leben lang.

Kaum daß er, bei aller Geschäftigkeit, einmal mit sich selber spricht; als ginge er sich nichts an.

Auch seine Selbstgespräche drehen sich nicht um ihn.

Plötzlich vorn über der Autobahn ein graudunkler Höhenzug, mit schneeiger Gipfelrandung. Wäre er nur diesen Moment auf der Erde, er würde sich in einer Alpenlandschaft wähnen. So sahen wir die Deckgebirge der Verheißungen in unsrer Epoche.

Wohin denn ich? Er war aus dem Zusammenhang geraten. In dem Zusammenhang wollte er nicht sein.

In jeden Fluß muß er steigen! nicht unbedingt zweimal.

In meinem ersten Raum war ich glaubenslos. Ich vertraute. Da war ich selig.

Als ich gläubig war, war ich gottverlassen.

Die transhumane Gattung wird nun geradezu hofiert, bis zur Selbstverleugnung, Selbstausrottung des Humanen.

Die *Seelenachse* des Gewehrs. Laufseele!

»Warum singen die Amseln hier mitten am Tag?« Sie sind berufstätig. Angestellt in der Anlage. Erst in der Dämmerung hör ich sie wieder gern.

Du triffst auf den Freund/den Verräter. In der Letzten Instanz. Du steigst die steile Treppe hinauf, er erhebt sich vom Stuhl, ihr umarmt euch, unmöglich ein Wort zu wechseln. Nur im Körper war noch die Zärtlichkeit.

Nicht der Vertreter von Staubsaugern und dergl. Sachen, er *vertritt eine Sache.* Ein Reisender in Revolutionen. Nicht die Abschlüsse jagen ihn, aber die Beschlüsse. Nicht das Bahnabteil ist seine Vorhölle, sondern das Abstellgleis.

Er setzt auf die Gesellschaft. Das macht ihn zum Einzelgänger.

»In einen Satz geht mitunter alle Dummheit der Welt.« (Haug)

Die *Linie* war ein verschlungener Kurs mit plötzlichen Wendungen. Ihr galt es zu folgen! Er bevorzugte aber die Abweichung: sie lief grade hindurch.

Man kam in Versammlungen zusammen und setzte sich auseinander. D. h. es wurde ein Referat verabreicht von oben herab; es war mehr geistreich, wenn der Vorsitzende loslegte, oder machtvoll, wenn der Stellvertreter sich mühte. Sodann wurde für das Protokoll diskutiert und gegebenenfalls zu Resolutionen gegriffen, die nach Zustimmung verlangten; 95 Prozent, nur zwei oder drei waren schon gegangen, weil ihnen *nicht gut war.*

Ein Mensch mag viele Fehler haben, und er hat doch sein Recht unter allen. Eine Gesellschaft kann e i n e n Fehler haben, und sie muß zugrundegehn.

Als er die Akten gelesen hatte, wußte er mehr über sich und sie, beinahe alles. Das war aber nichts Richtiges.

Die Staatsform ein *durchsichtiges Gewand,* nun hing es wie Lumpen am Leib.

Jetzt streunt das Denken in der Welt, ohne festen Wohnsitz, und ist noch froh, wenn es ertappt wird. Der einzige Trost, daß die Welt ein Dorf ist.

Es sind die Lösungen, die die Probleme schaffen (: der thüringische Finanzminister).

Sich selbst ins Gesicht schaun ist schon Opportunismus genug.

Der Siebenjährige, durch den Garten streifend: Stört mich nicht. Ich denke.

Die *Anstrengung der Vernunft*, das heißt die Gedanken zusammennehmen. Wie eine Weib-, eine Mannschaft.

»Ich habe meine Zukunft hinter mir und gehe aufrecht in die Vergangenheit.« Der hundertjährige Maetzig, wie wenn der Film rückwärts läuft – »mich interessiert immer der erste Schritt«.

Er erträgt nicht, hervorgehoben zu werden. Nie ist ein Satz stimmiger: Ich ist ein anderer! Er windet sich vor Unbehagen. Nicht weniger beschämend, wenn ein anderer vorgezogen wird.

Immer wenn etwas verboten, abgesetzt worden war, war ich sozusagen freigestellt und zur Ruhe gebracht. Und in der Ruhe und Freiheit konnte ich ohne weiteres an die Arbeit gehen.

Die Funktionäre, das war an sich ein Kreuz. Aber die sogenannte herrschende Klasse, die weiter keine Ansprüche stellte. Ihre Bescheidenheit war das Unglück. *Historische Beschränktheit.* Und schon gar kein Anspruch auf Herrschaft.

Er hat sich im Laufstall nicht zensieren lassen, nun auf der Wildbahn will man ihn korrigieren.

Aber die Minderbrüder setzten auch Maßstäbe. Übersichtliche fünf Zahnpasta-Sorten. Eine medizinische Klasse. Keine Steuererklärung. Allerdings die Mangelwirtschaft und die doppelte Staatsführung.

Als sies in Händen hielten, wußten sie nicht, was sie hatten. Sie hatten es nicht richtig angepackt.

An das Trommeln hat er sich gewöhnt. Die Kontinente, aufeinanderfahrend.

Sein Leben führen – wie einen Hund auf die Gasse. → *Bloch: Uchigiy.*

Du gehst in Gedanken, an den Toten, unendlich bereit, seine letzten Sottisen zu hören.

Wenn ich mir die Vorfahren vorstelle, dann mit meinen Zügen. Die Kinder in Erlbach: so spielten sie gewitzt vor Zeiten. Aber die Künftigen müssen mir nicht hoffnungslos gleichen.

Eigentlich achtlos gegenüber Personen, nimmt sein Blick doch in den alten Gesichtern die Spuren der Schönheit auf, der stattgehabten Jugend, um sie sich, brennend interessiert, zu dokumentieren.

Pfennige läßt er sich nicht herausgeben, und wenn ihm ein Cent fehlt, verlangt er seinerseits dies mindeste: Generosität. Das ist seine günstige Währung.

Mit Jeder, glaubte er, würde er ein ganz anderer sein, abzüglich seiner Grundfehler und -pfunde; der Andere kam kaum zum Zuge.

Sklaven der Gewohnheit werden die Transhumaniden auch, zumal sie nicht an Gedächtnisschwund leiden.

Die neuen Narrengeschichten: klonesk.

Wortwechsel. Kommt Zeit, kommen Räte. – Lehrjahre sind Herrenjahre!

Nimmer voran. Vorsicht vor neuen Erfolgen.

Herrschen will ich nicht, auch über mich nicht, dienen kann ich nicht, auch mir nicht.

Vor der Haustür auf dem Fußweg ein Kreide-pfeil:

↑*HIER*
| *LANG*

– nun ich weiß nicht, die Kinder werden es wissen.

Bedürftige Banken, demokratische Kriege! Man muß die Worte abschlagen, klopfen, waschen, wie einmal die Trümmersteine.

Sich dem Treiben entgegenstellen oder -setzen. (Sitzblockaden sind im Wortsinn unumgänglich. Man braucht sie gar nicht zum Kunstwerk erklären.)

Sie zog einen Kreidestrich um sich und lag wie eine Tote auf dem Rathausplatz, die Passanten nötigend, über sie hinwegzusteigen, »über Leichen zu gehn«.

Der Mut, sich belächeln zu lassen.

Je ernster meine Umstände werden, desto mehr finde ich mich in sie. Wie Schwejk der brave Soldat, der in den Krieg zieht.

Jetzt fürcht ich mich, *nachhause zu gehn*, auf die Felderhöhe, in den Wiesengrund, als böte ich mich der Erde an mit der Rückkehr.

Sich üben, ein Mensch zu sein. Nur ist die Frage seit 5000 Jahren, soll es der Einzelne tun oder die Gesellschaft? Allein bist du wohl kein Mensch, in der Masse bleibst du es nicht. Übungen an Geräten, die groß wie Staaten sind; aber diese gerade verfehlen den Zweck.

Aber in dem stummen besitzergreifenden Drängeln in den Kaufhäusern war es schon Haß.

Unweigerlich, bei bestimmten Behandlungen, das Défilé der Schwestern und Ärztinnen und die Frage, welche du zweckfalls (fürs Leben) wählen würdest, und was für je andere Heilung draus folgte.

Im Klinikbett wartend, das Auge ist markiert, der Port am Arm gelegt, klopft es hart an der Tür und zwei Handwerker treten herein mit einer Aufstellleiter, einem Staubsauger und einem großen Werkzeugkasten. Alsbald schreiten sie, im Badezimmer, zur Operation, ein Dröhnen entfachend in Höhe der Schädeldecke (»die Entlüftung«), und suchen fluchend einen bestimmten Schlüssel in dem krachenden Kasten. Es ist wie bei Senecas Tod, er darf sich nicht entmutigen lassen.

Flick. In meinem niedern Genre, dem die Einbildung abgeht, der Glaube an den Selbstlauf, mußte ich auf die Tätigkeit setzen, meines Helden, den ich, wie andere Autoren den ihren, verabscheue und liebe, bewundere und bedaure.

Jedes Buch eine Bewährung in einer anderen Welt.

Der gültigste Satz war mein erster. Ich habe noch gar nichts gemacht. Jetzt werde ich etwas machen.

Die *Hundsinseln.* Die Flüchtlinge auf seiner Schwelle aus Sand. Die Trockenübung, die Sandburg zu übergeben.

Der Trommler übrigens bedient sich zweier weißer Plasteeimer und seiner Fingerschlegel. Vollkommenheit.

Einst die Erntestände im Fernsehen, jetzt die Kursverläufe. Das Agrarische, Großflächige hat dich aufgebracht, das Kleinkarierte, Pekuniäre ringt dich nieder.

In Wahrheit kämpfst du nur mit dir. Weil du dich nicht wehrst, mußt du nicht tapfer sein. So kommt keine Stimmung auf. Du unterliegst nicht.

Sie nimmt das Schöne wahr. Die sich öffnende Blüte, die Amsel, die nachts singt. Er sieht die abgeblätterte Wand. Ihr froher Aufwand, und sein Unterschleif. Als wäre sie aus Schönfließ, und er von Schadeleben. Er hat Dreck im Auge, sie Glanz.

Die Warenhalden vor Milano. »Die Schlucht der
Wünsche ist nicht aufzufüllen.«

Eine Karrikatur, die er signiert: ein Louis-seize-
Stuhl, wie aus einem Theaterfoyer, daneben eine
Fit-Kiste. Darauf hockt er.

Etwas unausweichlich kommen sehn! Und im
Präsens schreiben, *wie es gekommen ist.* Das ist die
Infamie der Kunst. Wann es kommt ist nicht die
Frage. Und nicht genau was, das würde ihn
demotivieren.

Geh ruhigen Bluts die Sache an. Und sieh dann,
ob dein Herz schlägt.

Der Strich so fest, daß er eine Möglichkeit dar-
stellt, und so dünn, daß er keine endgültige Lö-
sung bietet.

Oder ein Strich darunter. Ein Strich durch das
Ganze.

Für den Moment kann ich meine Veranlagung halten. Auf die Dauer ist das Risiko zu groß.

Böses Erwachen. Wolken von Schrott. Die Engel jauchen.

Was gegen dich spricht, ist dein Schweigen. Abgesehen von den Äußerungen.

Mit wem gehe ich? Mit Mühe mit mir selbst. Längst kann ich mir nicht mehr überall folgen.

Der *Mensch ohne Zugehörigkeit.* Einst traf ich ihn auf der Place de l'Odeon, mit seinem Kopfververband, der herrlichste, der entschlossenste Kadaver.

Ich muß es als Gunst erachten: mitten im Leben ein zweites beginnen. Es gilt nur, die alten Fehler vermeiden, dem Partner zuhören können, nicht rechtbehalten wollen. Die halbe Bevölkerung liegt in neuen Armen. Freilich ist es wieder ein Staat.

Flick. Der Mechaniker wird jeder müden Maschine dienen. Der Staatsapparat verzichtet auf den Experten.

Man war nahe daran, aus den Fehlern zu lernen. Man öffnete verlegen die Tore, ließ Licht in die Ämter, wählte entsprechende Leute. Schon ging es bergab und voran. Zuende das Dulden; aufgenommen bei den Gerechten. Aber diese bestanden darauf, ihre Fehler zuende zu machen.

Welche Gelegenheit, wenn die Geschichte stillsteht; durchzuatmen mit der Menge.

Wieviele Irrtümer braucht ein System, bis es steht.

Auch das Alte, Mustergültige hat einmal eine Form gesprengt.

Auch wie ein Staat verschwindet, sich verschwinden machen läßt, erzählt etwas über ihn. In der Totenrede wird es noch nicht erwähnt.

Der Rentner aus dem Ruhrgebiet führt seinen Panzer aus. Die Touristen umringen ihn auf der Paseo. Er steuert das bulldoggengroße Gerät auf eine Gruppe Kleinkinder zu. Ein Sieg. Dann rangiert er es auf die Lafette und schickt sie, die Kanone gerichtet, zum neuen Einsatz.

Könnte Flick spielen, in den Sandkasten gebückt, der Abraum mit den Zehen bewegt. Die Loren klimpern, Musik. Musik seine Arbeit, die Begeisterung.

Meine Feinde wirken wie besänftigt. Ich bin geschlagen.

»Solange sie noch mit Eiern schmeißen, geht es ihnen gut!«

»Das Mißverhältnis der Welt scheint tröstlicher Weise nur ein zahlenmäßiges zu sein.« (Kafka) Darum werden die Elendsämter von Statistikern geleitet.

Der wahre Weg geht in Stricken, d. h. aus ihnen heraus.

»Von einem gewissen Punkt an gibt es keine Rückkehr mehr. Dieser Punkt ist zu erreichen«, Doppelpunkt: dann geht es kafkaesk weiter.

Von einer Aufgabe träumen. Mitten im Unterricht.

Dir willst du es mitteilen/klarmachen. Du stehst in der Masse verborgen.

Ein Zeitalter stellt sich nur Aufgaben, weiß Flick, die es lösen kann. Nur in der Regel unterfordert oder übernimmt es sich. Das unsere ist immerhin so vorsichtig, das Auto neu zu erfinden.

Den Überfluß haben wir, und die Überflüssigen auch. Sie machens einander nicht wett. Beiden Parteien ist zu raten, sich irgend nützlich zu machen.

Ein Zeitalter, in dem die Roboter arbeiten, ist eine antikische Vorstellung, wie die Sklavenhaltergesellschaft.

Woher wissen wir eigentlich
Daß es sie gibt?
Ja, wenn sie schwanger ginge
Die Zukunft mit der Zukunft!

Parallelwelten; darüber läßt sich nichts Gewisses sagen, aber wenn sie erst bevölkert sind, wird es noch im dritten und zehnten String Parlamente und Paragraphen geben, Knäste und *Dienste,* den ganzen bürokratischen Dung.

Maschinen können schlußendlich alles. Menschheitsbeerdigungsroboter.

Am Ende muß er nicht zufassen; vielleicht genügt es, daß sie meinen, daß Flick ihnen zuschaut, damit sie die ruhige, ernsthafte Haltung finden.

Zu erkennen, daß wir wirklich gefangen sind. In diesem Käfig aus Smog. Die teuerste Speise Wasser und Brot. Und sind das nicht sehr gestreifte Kleider? Der Freigang in den Krieg.

Überschlaue, sage ich, mit Unschuldsmiene.

Das *große Umsonst* ist eine ideologische Idee, aber schlimmer noch: eine kosmologische Losung.

Die Annahme eines Urknalls: das alte Hauruck-Verfahren. Mir ist die Vorstellung lieber, das Weltall könnte, wie Gott oder ein reifer Käse, gebrütet haben.

Er kann von sich absehen. Wie der Imker in seinem Bienenschwarm.

Dein Selbstgefühl, ein Deputat aus der Kindheit, angespart, angekratzt. Häufe es nicht an, setze es ein; laß es dir nicht rauben.

Wie ein anderes Tier vor der zutraulich hinge-
streckten Hand fährt er seine Stacheln aus, wenn
ein Macht- oder Meinungsmensch sie reicht,
und sondert ein scharfes Sekret ab, das Revier
zu markieren.

Gegen Morgen, träumend noch, bin ich im *letzten Raum*. Beim Hereintreten bemerke ich: ich
habe etwas vergessen. Was? Meine Tasche. Mein
Werk. Wovon handelte es? Vergessen. Ist es so
schlimm? Vom Paradies. Von der Hölle. Was
bin ich jetzt noch? Dann erwache ich.

Man hatte mir eine Gebrauchsanweisung versprochen, oder eben behauptet, sie liege bei. Ich
brauchte sie nicht, bis ich in die Jahre kam. Lange suchte ich nach ihr, und nie kam ich wirklich
hinter mich. Ich funktionierte irgendwie, ohne
die Finessen herauszubekommen. Ein andermal!
Zu spät, jetzt hier im Limbus, finde ich sie, in
der Verpackung, nachdem ich kaputt bin. Sie ist
in einem fehlerhaften Deutsch gedruckt, globale
Unbildung; das ärgert mich über den Tod hinaus.

Nichts widerspricht den großen Plänen mehr als das dumpfe bohrende Dasein der Vielen. Das elementare Verlangen widerlegt die Epoche.

Mitunter leistet er sich, sein Lächeln zu löschen und kalt und gleichgültig zu blicken, wie um sich ehrlich zu machen vor den Leuten. Das ist nur billig; es kostet Überwindung, aber er vergibt sich nichts.

Als wenn er sich gehenließe und Faxen schnitte. Als wenn seine Mienen Ferien machten in den Fjorden.

Wie der Arzt, als ich sediert werde, seine Hand auf meine legt: so wohltuend der Griff des Scharfrichters auf die Schulter des Delinquenten.

Das letzte Gefecht und die Lust des Beginnens!

So weit zurückgehn, um das Ziel in wieder erreichbarer Ferne zu sehn.

Die Erfahrung der Kunst. Ein Freudenelend /
Ist das Leben. Dem Unfaßbaren eine Form geben.

Nach diesem Jahrhundert des Mordens kann es
nur Traumatisierte und Träumer geben.

Auschwitz ist der tiefste Griff des menschlichen
Witzes.

Zu meiner Zeit, und bis an das Ende der Zeit; nie
mehr atmen / mit freier Brust

Es gibt nichts Unzerstörbares im Menschen.

Der Dichter steht auf dem Grabfeld, nicht den
Bleistift, er braucht die Spachtel, oder tastet mit
Füßen auf die Gewölbe.

Auf alles gibt es eine Antwort, nicht auf die
Fraglosigkeit.

Noch vergrößere ich mein Reich, halte die Zu-
fahrten offen, empfange die Botschafter –;
schon gebe ich Gebiete ab, lasse die Brachen
wuchern, versäume die Zechgelage –; bald lasse
ich meine Gesellschaft verrotten, beschränke
mich auf meine Eingeweide, wann wird man
mich aus meiner Höhle tragen

Du kannst den Tod nicht besiegen. Er will Re-
vanche.

Heisig der Alte malte sich unter der Erde. Ein
hohler Schädel. Aber den Wald sah er noch, einen Zacken Asphalt, den fahlen Schein.

Zu früh, auf der Zwei-Meter-Sohle; darum die
Unruhe unten.

Einmal noch, einmal eine Gesellschaft, die auf-
bricht. Nicht daß es besser wird, daß es anders
ist wird der Fortschritt.

Jetzt erkennt er sich, in dem Kind, das er war.

Demonstration auf dem Schlehenforum, ein entschlossenes Blühen, den Hang hinauf zum Senat der Weiden, Schwäne ziehen drüber hin als eilige Losung, eine Kundgebung ruhig und taggewiß

Natürlich bleibt nichts. Nichts bleibt natürlich.

Nicht hundert werden, habe Pound gesagt, und vorher verschwinden will seine betagte Tochter und verspricht es sich mit dem wohligen Wort: *entschlüpfen* –

Aus den Kieseln der Erkenntnis das Massiv des Irrtums.

Es gibt Sprachen, die nicht der Verständigung dienen, und amtliche Ausdrucksweisen, welche nicht weiterhelfen. Im sibirischen Erdölkaff Megion hat sich die Stadtverwaltung verboten, so wahre Ausflüchte zu benutzen wie »Ich weiß nicht« oder »Ich kann nicht«. Freilich läßt diese dringende Reform noch immer Drohungen zu: »Ich weiß!« und »Ich kann!«

Das Denken ins Freie bringen.

Der Mensch ist nicht durchwegs dumm, er hat helle, vollkommen klare Momente, er kommt zur Einsicht. Aber fällt wieder zurück in die Verstocktheit. Mutter Courage, die ihre fünf Kinder verliert: »Der Krieg soll verflucht sein.« Und sie spannt sich wieder in den Wagen. »Ich laß mir den Krieg nicht madig machen.«

Im Alter die Schwäche, daß man nicht nur die Weisheit vertritt, sondern auch die Wahrheit.

Auf dem Flughafen in Pretoria zwischen den Stockwerken die Frage nach dem Terminal, Antwort gibt, im Lauf verhaltend, eine junge Frau, er sieht im Abdrehn ihr Antlitz, asiatisch schön, ihre für ihn, vor allem für ihn bestimmte Anmut, er ist in Begleitung, er hat sie nicht nach der Mail gefragt, fünf Schritte entfernt wird es ihm siedend bewußt, als sie auf der Rolltreppe entschwindet, und auch er entfernt sich in seine *Destination*, seine entsetzliche Richtung, sein unwiderrufliches Rätsel.

Heißer Abend. Aus dem Gehölz die Stimmen, Pirol, Zeisig, Zilpzalp, Grünfink. Die Holztaube natürlich. Umfassende Aussprache über das Wesentliche. Fast glaube ich, daß sie genügt und ich keine weiteren Diskussionen wünsche.

Inhalt

Volker Braun
im Suhrkamp Verlag

Verlagerung des geheimen Punkts
Schriften und Reden
Gebunden. 2019

Handbibliothek der Unbehausten
Gedichte
Gebunden. 2016

Dmitri/Die Übergangsgesellschaft/Nibelungen/
Transit Europa/Limes. Mark Aurel/Was wollt ihr denn
suhrkamp spectaculum 2014

Werktage 2, Arbeitsbuch 1990-2008
Mit zahlreichen Abbildungen
Gebunden. 2014

Die hellen Haufen
Gebunden. 2011

Flickwerk
Kleine Reihe. 2009

Werktage 1, Arbeitsbuch 1977-1989
Mit zahlreichen Abbildungen
Gebunden. 2009

Der Stoff zum Leben 1-4
Gedichte
Bibliothek Suhrkamp 1447. 2009

Machwerk oder
Das Schichtbuch des Flick von Lauchhammer
Gebunden. 2008

Wir befinden uns soweit wohl.
Wir sind erst einmal am Ende
Äußerungen
edition suhrkamp 2088. 1998

Die Unvollendete Geschichte und ihr Ende
Bibliothek Suhrkamp 1277. 1998

Die vier Werkzeugmacher
Kleine Reihe. 1996

Iphigenie in Freiheit
Kleine Reihe. 1992

Bodenloser Satz
Kleine Reihe. 1990

Gesammelte Stücke. Zwei Bände
edition suhrkamp 1478. 1989

Verheerende Folgen mangelnden Anscheins
innerbetrieblicher Demokratie
Schriften
edition suhrkamp 1473. 1988

Hinze-Kunze-Roman
suhrkamp taschenbuch 1538. 1988

Langsamer knirschender Morgen
Gedichte
Klappenbroschur. 1987

Hinze-Kunze-Roman
Gebunden. 1985

Berichte von Hinze und Kunze
edition suhrkamp 1169. 1983

Das ungezwungne Leben Kasts
Erweiterte Auflage
suhrkamp taschenbuch 546. 1979

Unvollendete Geschichte
Klappenbroschur. 1977

Es genügt nicht die einfache Wahrheit
Notate
edition suhrkamp 799. 1976

Gegen die symmetrische Welt
Gedichte
Broschur. 1974

Vorläufiges
Gedichte
Gebunden 1966